COMIDA EN BOL

COMIDA EN BOL

RECETAS Y FOTOGRAFÍAS DE
CLEMFOODIE
ILUSTRACIONES DE
VALENTINE FERRANDI

ELFOS

CONTENIDO

14

RICOTA, MIEL
Y FRUTOS ROJOS

16

MIJO AL CHOCOLATE
CON FRUTOS ROJOS

18

FRESAS, TOMATES CHERRY
Y STRACCIATELLA

20

FRUTOS ROJOS CON AGUACATE
Y MOZZARELLA

22

TOMATES CHERRY CON NECTARINA
Y HALLOUMI

26

BOL DE BURRITO

28

MIJO CON BERENJENA
Y FETA

30

BONIATO CON QUESO DE CABRA
Y NUECES

32

SALMÓN CON JUDÍAS VERDES
Y RÁBANOS

34

UDÓN CON REPOLLO
EN SALSA AGRIDULCE

38

NECTARINA CON BURRATA
Y JAMÓN

40

CALABACINES CON TOMATE
Y FETA EMPANADO

42

POKE BOWL DE ATÚN

44

BOL DE POLLO Y COCO

46

GAMBAS CON CALABACÍN
Y AGUACATE

48

BOL DE POLLO CON TOMATE
Y TORTILLA

52

COL CON ESPÁRRAGOS
Y AVELLANAS

54

ZANAHORIA ASADA, FETA
Y REMOLACHA

56

TOMATES CON BURRATA

58

POKE BOWL DE SALMÓN

60

GUISANTES CON RÁBANOS
Y FETA

62

BOL DE FALÁFEL

64

GARBANZOS CRUJIENTES
CON AGUACATE

INGREDIENTES

Salsa o vinagreta

Hortalizas
(según la estación)

Proteínas
(de origen vegetal o animal)

Cobertura o topping
(frutos secos, semillas,
hierbas aromáticas)

Carbohidratos
(cereales, legumbres,
patatas, batatas)

CONSERVACIÓN

La comida en bol se debe
consumir al momento, antes
de que las hortalizas se oscurezcan
y para que no se pierdan
las proteínas por el efecto
de los condimentos.

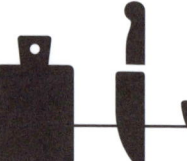

UTENSILIOS NECESARIOS

Tabla de cocina
Cuchillo
Bol o cuenco

TUTORIAL DE LA COMIDA EN *BOL*

EN 4 ETAPAS

1 Prepare los carbohidratos.

2 Prepare las hortalizas.

Prepare las proteínas.

3

4 Prepare el bol y agregue la cobertura o *topping* o la vinagreta.

Sustantivo masculino

El bol, también llamado cuenco, es un recipiente sin asa en el que
se sirven juntos todos los ingredientes. Una presentación que se
ha hecho muy popular a través de las redes sociales.

RICOTA, MIEL Y FRUTOS ROJOS

PARA 2 PERSONAS

PREPARACIÓN 10 MINUTOS

250 g de ricota

1 cucharada sopera de miel + 1 chorrito para aderezar

6 fresas

15 frambuesas

2 cucharaditas de polen o semillas oleaginosas

1 PREPARACIÓN DE LAS PROTEÍNAS

Ponga la ricota y la miel en un cuenco. Bata la mezcla durante 2 minutos (con batidor manual o eléctrico) hasta que la ricota esté bien aireada.

2 PREPARACIÓN DE LAS FRUTAS

Lave las frutas y córtelas si es necesario.

3 PREPARACIÓN DE LA COBERTURA O *TOPPING*

Triture las semillas oleaginosas si es necesario.

4 PRESENTACIÓN... ¡Y A DISFRUTAR!

Reparta la ricota con la miel entre dos boles y agregue las frutas. Espolvoree con polen o semillas oleaginosas y aderece con un hilo de miel.

MIJO AL CHOCOLATE CON FRUTOS ROJOS

PARA 2 PERSONAS

PREPARACIÓN 5 MINUTOS

COCCIÓN 20 MINUTOS

100 g de mijo

250 ml de leche

30 g de chocolate negro

1 cucharadita de cacao en polvo

1 pizca de vainilla en polvo

1 pizca de sal

1 cucharada sopera de miel o de sirope de arce

2 puñados de frutos rojos (o fruta de temporada)

1 **PREPARACIÓN DE LOS CARBOHIDRATOS**

Ponga a cocer el mijo en una olla con agua hirviendo durante 15 minutos (o, si prefiere, 5 minutos menos del tiempo indicado en el paquete). Escúrralo y vuelva a echarlo en la olla, agregue la leche y caliente a fuego medio-bajo. Agregue el chocolate en trozos, el cacao, la vainilla, la sal y la miel. Mézclelo bien durante 5 minutos.

2 **PREPARACIÓN DE LAS FRUTAS**

Lave las frutas y córtelas si es necesario.

3 **PRESENTACIÓN... ¡Y A DISFRUTAR!**

Vierta el mijo con chocolate en dos boles y agregue la fruta.

FRESAS, TOMATES CHERRY Y STRACCIATELLA

PARA 2 PERSONAS
PREPARACIÓN 10 MINUTOS
COCCIÓN 10 MINUTOS

80 g de quinoa

*100 g de stracciatella
(o burrata o mozzarella)*

*10 tomates cherry
multicolores*

10 fresas

2 puñados de rúcula

*2 cucharadas soperas
de aceite de oliva*

*1 cucharada sopera
de vinagre balsámico*

8-10 hojas de albahaca fresca

Sal y pimienta

1 PREPARACIÓN DE LOS CARBOHIDRATOS Y LAS PROTEÍNAS

Ponga a cocer la quinoa en una olla con agua hirviendo el tiempo indicado en el paquete. Escurra y enjuague con agua fría. Vierta la stracciatella en un bol, añada pimienta y reserve.

2 PREPARACIÓN DE LAS FRUTAS Y HORTALIZAS

Lave los tomates cherry y las fresas. Corte los tomates por la mitad y las fresas en cuartos.

3 PREPARACIÓN DE LA SALSA Y LA COBERTURA O *TOPPING*

En un bol pequeño, mezcle el aceite de oliva y el vinagre balsámico, y añada sal y pimienta. Pique la albahaca.

4 PRESENTACIÓN... ¡Y A DISFRUTAR!

Reparta la quinoa en dos boles. Añada la stracciatella, la rúcula, las fresas y los tomates. Vierta la salsa y espolvoréelo todo con albahaca.

FRUTOS ROJOS CON AGUACATE Y MOZZARELLA

PARA 2 PERSONAS

PREPARACIÓN 10 MINUTOS

100 g de bolitas de mozzarella

2 puñados de rúcula
o mézclum

100 g de moras

100 g de arándanos

1 aguacate

1 puñadito de avellanas

2 cucharadas soperas
de aceite de oliva

2 cucharaditas de miel

½ limón

4-5 hojas de menta fresca

Sal y pimienta

1 PREPARACIÓN DE LAS PROTEÍNAS

Escurra las bolas de mozzarella.

2 PREPARACIÓN DE LAS FRUTAS Y HORTALIZAS

Lave la rúcula, las moras y los arándanos.
Corte el aguacate en rodajas.

3 PREPARACIÓN DE LA COBERTURA O *TOPPING* Y LA SALSA

Pique las avellanas en trozos grandes y también la menta. En un cuenco pequeño, mezcle el aceite de oliva, la miel y un chorrito de zumo de limón. Añada sal y pimienta.

4 PRESENTACIÓN... ¡Y A DISFRUTAR!

Reparta las bolas de mozzarella en dos boles, agregue la rúcula, la fruta y unas láminas de aguacate. Eche la salsa. Espolvoree con las avellanas picadas y la menta.

TOMATES CHERRY CON NECTARINA Y HALLOUMI

PARA 2 PERSONAS	
PREPARACIÓN 10 MINUTOS	
COCCIÓN 25 MINUTOS	

225 g de garbanzos cocidos
y escurridos

½ cucharadita de pimentón
ahumado

2 dientes de ajo

6 lonchas de halloumi

2 nectarinas

15 tomates cherry

2 puñados de rúcula
o mézclum

1 cucharadita de miel

8-10 hojas de albahaca fresca

Aceite de oliva

Sal y pimienta

1 PREPARACIÓN DE LOS CARBOHIDRATOS Y LAS PROTEÍNAS

Precaliente el horno a 200 °C. En una ensaladera, mezcle los garbanzos, 1 cucharada de aceite de oliva, el pimentón, una pizca grande de sal y de pimienta, y los dientes de ajo picados finos. Póngalo todo en una bandeja para hornear cubierta con papel de horno y hornee durante 20-25 minutos hasta que los garbanzos estén dorados. En una sartén caliente con un chorrito de aceite de oliva, marque en la plancha las lonchas de halloumi unos 2 minutos por cada lado, hasta que estén doradas.

2 PREPARACIÓN DE LAS FRUTAS Y HORTALIZAS

Lave las nectarinas y córtelas en cuartos. Dore los trozos en la plancha durante 1 minuto y medio aproximadamente por cada lado. Reserve. Corte los tomates cherry por la mitad.

3 PREPARACIÓN DE LA SALSA Y LA COBERTURA O *TOPPING*

En un bol pequeño, mezcle 1 cucharada de aceite de oliva con la cucharadita de miel. Pique la albahaca.

4 PRESENTACIÓN... ¡Y A DISFRUTAR!

Reparta los garbanzos en dos boles. Añada el halloumi, los gajos de nectarina y los tomates cherry. Agregue la rúcula. Vierta la salsa y decore con albahaca por encima.

UTENSILIOS

Es un hecho bien conocido que cualquier plato sabe mejor ¡si se come en un bol o cuenco!

Bol para el desayuno

Plato hondo para las pastas y ensaladas

Cuenco profundo para sopa

25

BOL DE BURRITO

PARA 2 PERSONAS

PREPARACIÓN 10 MINUTOS

REPOSO 15 MINUTOS

COCCIÓN 20 MINUTOS

80 g de arroz semintegral

200 g de alubias rojas cocidas en conserva

2 filetes de pollo

1 cucharadita de pimentón ahumado

½ cucharadita de pimienta en polvo

½ cucharada sopera de ajo en polvo

½ cucharada sopera de comino en polvo

Zumo de 1 lima

1 pimiento rojo

2 tomates

2 cebolletas

½ pimiento chile

1 aguacate

1 diente de ajo

1 cucharadita de especias para guacamole

8-10 hojas de cilantro fresco

Aceite de oliva

Sal y pimienta

1 PREPARACIÓN DE LOS CARBOHIDRATOS Y LAS PROTEÍNAS

Cueza el arroz en una olla con agua hirviendo hasta que esté al dente. Luego, escúrralo. En un plato hondo, mezcle 2 cucharadas de aceite de oliva, el pimentón ahumado, el chile en polvo, el ajo en polvo, el comino y la mitad del zumo de lima. Agregue los filetes de pollo, cúbralos con esta salsa y déjelos marinar durante al menos 15 minutos a temperatura ambiente. Coloque los filetes de pollo marinados en una bandeja cubierta con papel de horno. Precaliente el horno a 200 °C.

2 PREPARACIÓN DE LAS VERDURAS

Corte el pimiento en tiras. Viértalas en un bol con un chorrito de aceite de oliva y una pizca de sal, y mezcle. Coloque las tiras en la bandeja para hornear junto con el pollo y hornee durante 15 minutos.

3 PREPARACIÓN DE LA COBERTURA O *TOPPING* Y LA SALSA

Prepare un pico de gallo: corte los tomates en cubitos, las cebolletas y el chile, y mézclelo todo con el zumo de lima restante y 1 cucharada de cilantro picado. Saque la pulpa del aguacate y mézclela con la mitad del pico de gallo preparado, el diente de ajo, las especias para guacamole y una pizca de sal.

4 PRESENTACIÓN... ¡Y A DISFRUTAR!

Vierta el arroz en dos cuencos. Agregue las alubias rojas después de escurrirlas y enjuagarlas. Coloque los filetes de pollo cortados en rodajas y las tiras de pimiento. Distribuya el guacamole entre los cuencos, agregue el pico de gallo restante, sal y pimienta, y el cilantro.

MIJO CON BERENJENA Y FETA

PARA 2 PERSONAS	
PREPARACIÓN 10 MINUTOS	
COCCIÓN 30 MINUTOS	

80 g de mijo

40 g de queso feta

1 berenjena

10 tomates cherry

½ pepino

1 cebolleta

150 g de garbanzos cocidos
y escurridos

2 dientes de ajo

1 cucharada de puré de sésamo
(tahini)

½ cucharadita de semillas
de comino

Zumo de ½ limón

15 aceitunas verdes

10 tomates secos

8-10 hojas de menta fresca

Aceite de oliva

Sal

1 PREPARACIÓN DE LOS CARBOHIDRATOS Y LAS PROTEÍNAS

Ponga a cocer el mijo en una olla con agua hirviendo durante el tiempo indicado en el paquete. Escúrralo y enjuáguelo con agua fría. Desmenuce el queso feta.

2 PREPARACIÓN DE LAS HORTALIZAS

Precaliente el horno a 180 °C. Corte la berenjena en rodajas y colóquelas en una ensaladera con 1 cucharada de aceite de oliva y una pizca de sal. Mezcle bien. Extiéndalas en un plato cubierto con papel de horno y hornee durante 30 minutos aproximadamente hasta que estén doradas. Corte el pepino y los tomates cherry en trozos pequeños, corte la cebolleta en rodajas y mezcle todo con el mijo.

3 PREPARACIÓN DE LA SALSA Y LA COBERTURA O *TOPPING*

En una batidora, eche los garbanzos, el ajo, el puré de sésamo (tahini), una cucharada y media de aceite de oliva, el comino, el zumo de limón y una pizca de sal. Mezcle hasta obtener un hummus cremoso (si es necesario, añada aceite o de puré de sésamo o tahini). Pique la menta.

4 PRESENTACIÓN... ¡Y A DISFRUTAR!

Vierta el mijo con las hortalizas en dos boles, agregue las berenjenas asadas, el queso feta, el hummus, las aceitunas y los tomates secos. Espolvoree con menta.

BONIATO CON QUESO DE CABRA Y NUECES

PARA 2 PERSONAS

PREPARACIÓN 10 MINUTOS

COCCIÓN 35 MINUTOS

2 boniatos
(unos 400 g en total)

50 g de queso de cabra fresco

2 manzanas

2 puñados de hojas de col
rizada o rúcula

16 nueces

1 cucharadita de miel

Vinagreta con miel
(véase *página 66*)

8-10 hojas de perejil fresco

Aceite de oliva

Sal y pimienta

1 PREPARACIÓN DE LOS CARBOHIDRATOS Y LAS PROTEÍNAS

Precaliente el horno a 200 °C. Pele los boniatos, córtelos en cubos y colóquelos en una bandeja para hornear cubierta con papel de horno. Riéguelos con 1 cucharadita de aceite de oliva. Eche sal y hornee durante unos 35 minutos hasta que estén dorados. Desmenuce el queso de cabra.

2 PREPARACIÓN DE LAS FRUTAS Y HORTALIZAS

Corte las manzanas en rodajas y las hojas de col rizada en tiras.

3 PREPARACIÓN DE LA COBERTURA O *TOPPING*

En un bol, mezcle las nueces con 1 cucharadita de aceite de oliva, 1 cucharadita de miel y una pizca de sal. Caliente una sartén a fuego medio-alto y caramelice las nueces durante unos minutos teniendo cuidado de no quemarlas. Pique el perejil.

4 PRESENTACIÓN... ¡Y A DISFRUTAR!

Reparta los boniatos, el queso de cabra, las rodajas de manzana y las hojas de col entre dos boles. Vierta la vinagreta con miel. Agregue sal y pimienta. Espolvoree con las nueces caramelizadas y el perejil.

SALMÓN CON JUDÍAS VERDES Y RÁBANOS

PARA 2 PERSONAS

PREPARACIÓN 10 MINUTOS

COCCIÓN 40 MINUTOS

250 g de filete de salmón

3 patatas medianas

150 g de judías verdes

10 rábanos

8-10 hojas de menta fresca

2 cucharaditas de vinagre de sidra

Aceite de oliva

Sal y pimienta

1 PREPARACIÓN DE LOS CARBOHIDRATOS Y LAS PROTEÍNAS

Precaliente el horno a 200 °C. Lave las patatas y córtelas en cubos. Mézclelas con 1 cucharada de aceite de oliva y una pizca de sal. Colóquelas en una bandeja cubierta con papel de horno y póngalas a hornear durante 35-40 minutos. Al cabo de 20 minutos, agregue el filete de salmón y siga horneando unos 15-20 minutos más, hasta que las patatas estén bien doradas.

2 PREPARACIÓN DE LAS HORTALIZAS

Lave y pele las judías verdes y cocínelas al vapor durante 10 minutos. Lave los rábanos y córtelos en rodajas.

3 PREPARACIÓN DE LA SALSA Y LA COBERTURA O *TOPPING*

En un bol pequeño, mezcle 1 cucharada de aceite de oliva con el vinagre de sidra, y añada sal y pimienta. Pique las hojas de menta.

4 PRESENTACIÓN... ¡Y A DISFRUTAR!

Reparta las patatas y el salmón entre dos boles. Agregue las judías verdes y el rábano en rodajas. Vierta la salsa y decore con menta.

UDÓN CON REPOLLO EN SALSA AGRIDULCE

PARA 2 PERSONAS

PREPARACIÓN 10 MINUTOS

COCCIÓN 10 MINUTOS

---

180 g de fideos udón (o soba)

¼ de col lombarda (roja)

¼ de repollo atlas (o blanco)

2 cebolletas

2 zanahorias

6 rábanos

*Salsa de sésamo (tahini)
con sirope de arce
(véase página 66)*

2 cm de jengibre fresco

*2 cucharaditas de semillas
de sésamo*

14-16 anacardos

*8-10 hojas de cilantro
fresco*

---

1 PREPARACIÓN DE LOS CARBOHIDRATOS

En una olla grande con agua hirviendo y sal, cocine los fideos durante el tiempo indicado en el paquete. Escúrralos y enjuáguelos con agua fría.

2 PREPARACIÓN DE LAS HORTALIZAS

Corte la col, el repollo y las cebolletas. Corte las zanahorias en juliana y los rábanos en rodajas.

3 PREPARACIÓN DE LA COBERTURA O *TOPPING* Y LA SALSA

Triture los anacardos en trozos grandes. Pique el cilantro. En un bol, mezcle la salsa de sésamo (tahini) y sirope de arce con el jengibre picado.

4 PRESENTACIÓN... ¡Y A DISFRUTAR!

Divida los fideos en dos boles. Agregue la col y el repollo, las cebolletas, las zanahorias y los rábanos. Vierta la salsa. Espolvoree con las semillas de sésamo, los anacardos y el cilantro.

CURIOSIDADES

La moda de la comida en un bol o cuenco se extendió desde **CALIFORNIA**, allí llamado *bowl*, directamente a través de Instagram.

•

En 2014 estalla el entusiasmo por la comida en boles en las redes sociales, en particular por el **POKE BOWL HAWAIANO** y los **SMOOTHIE BOWLS**, batidos vegetarianos refrescantes.

•

En 2021 se consumieron **200 MILLONES** de *poke bowls* en toda Francia, y **MUCHOS MÁS** en todo el mundo.

NECTARINA CON BURRATA Y JAMÓN

PARA 2 PERSONAS	
PREPARACIÓN 5 MINUTOS	
COCCIÓN 13 MINUTOS	

2 rebanadas de pan

2 dientes de ajo

2 lonchas de jamón serrano

1 burrata

2 nectarinas

2 puñados de rúcula
(o mézclum)

1 cucharada sopera
de vinagre balsámico

8-10 hojas de albahaca fresca

Aceite de oliva

Sal y pimienta

① PREPARACIÓN DE LOS CARBOHIDRATOS Y LAS PROTEÍNAS

Precaliente el horno a 200 °C. Corte las rebanadas de pan en dados y póngalos en un cuenco. Agregue 1 cucharada de aceite de oliva y 2 dientes de ajo machacados. Mezcle bien y colóquelo todo en una bandeja para hornear cubierta con papel de horno. Añada las lonchas de jamón en la bandeja y hornee durante 5-7 minutos. Corte la burrata en dos mitades.

② PREPARACIÓN DE LAS FRUTAS

Lave las nectarinas y córtelas en cuartos. Caliente una sartén con 1 cucharada de aceite de oliva a fuego medio-alto. Sofría los gajos de nectarina durante aproximadamente 1 minuto y medio por cada lado.

③ PREPARACIÓN DE LA COBERTURA O *TOPPING* Y LA SALSA

Pique la albahaca. Mezcle en un bol 1 cucharada de aceite de oliva con el vinagre balsámico, y añada sal y pimienta.

④ PRESENTACIÓN... ¡Y A DISFRUTAR!

Reparta entre dos boles las nectarinas, la rúcula, los picatostes, el jamón y la burrata. Vierta la salsa y decore con albahaca.

CALABACINES CON TOMATE Y FETA EMPANADO

PARA 2 PERSONAS

PREPARACIÓN 10 MINUTOS

COCCIÓN 10 MINUTOS

80 g de bulgur

100 g de queso feta

2 cucharadas de almidón
de maíz

1 calabacín

18 tomates cherry

100 g de garbanzos cocidos
y escurridos

8-10 hojas de albahaca fresca

1 cucharadita de miel

Aceite de oliva

Sal, pimienta

½ limón

1 **PREPARACIÓN DE LOS CARBOHIDRATOS
Y LAS PROTEÍNAS**

Cueza el bulgur en una olla con agua hirviendo y sal
durante el tiempo indicado en el paquete. Escúrralo.
Corte 6 rodajas de queso feta, de unos 3 × 6 cm,
y rápidamente cubra cada rodaja con almidón de maíz.
En una sartén a fuego vivo, caliente 1 cucharada
de aceite de oliva y fría las rodajas de queso feta durante
aproximadamente 1 minuto y medio por cada lado
hasta que estén doradas. Resérvelas

2 **PREPARACIÓN DE LAS HORTALIZAS**

Corte el calabacín en rodajas. En la misma sartén,
dore los calabacines, los tomates cherry y los garbanzos
durante unos 6 minutos a fuego medio-alto.

3 **PREPARACIÓN DE LA COBERTURA O *TOPPING*
Y LA SALSA**

Pique la albahaca. En un bol, mezcle el aceite y la miel,
y añada sal y pimienta.

4 **PRESENTACIÓN... ¡Y A DISFRUTAR!**

Reparta el bulgur entre dos boles. Agregue las rebanadas
de queso feta empanado, los garbanzos y las hortalizas.
Vierta la salsa, añada una rodajita de limón y espolvoree
con albahaca.

POKE BOWL DE ATÚN

PARA 2 PERSONAS	
PREPARACIÓN 10 MINUTOS	
COCCIÓN 10 MINUTOS	

100 g de arroz blanco

300 g de filete de atún extra fresco

2 cucharadas soperas de aceite de sésamo

2 cucharadas soperas de salsa de soja

1 cucharada sopera de vinagre de arroz

½ lima

2 cucharaditas de semillas de sésamo

2 cebolletas o cebollas

½ pepino

6 rábanos

1 aguacate

8-10 hojas de cilantro fresco

1 PREPARACIÓN DE LOS CARBOHIDRATOS Y LAS PROTEÍNAS

Cocine el arroz en una olla con agua hirviendo durante el tiempo indicado en el paquete. Escúrralo. Corte el atún en dados. En una ensaladera, mezcle el aceite de sésamo, la salsa de soja y el vinagre de arroz, y añada un chorrito de zumo de lima. Agregue el atún, las semillas de sésamo y 1 cebolleta picada. Reserve en el frigorífico.

2 PREPARACIÓN DE LAS HORTALIZAS

Corte el pepino y los rábanos en rodajas finas. Corte el aguacate en dados.

3 PREPARACIÓN DE LA COBERTURA O *TOPPING*

Pique el cilantro y corte el resto de la cebolleta en rodajas.

4 PRESENTACIÓN... ¡Y A DISFRUTAR!

Reparta el arroz entre dos boles. Agregue el atún con su adobo, las rodajas de pepino y de rábanos y el aguacate cortado en daditos. Espolvoree la cebolleta y el cilantro.

BOL DE POLLO Y COCO

PARA 2 PERSONAS	
PREPARACIÓN 10 MINUTOS	
COCCIÓN 10 MINUTOS	

100 g de arroz

200 g de filetes de pollo

*2 cucharadas soperas
de almidón de maíz*

*4 pimientos de colores (rojo,
amarillo y naranja)*

1 cebolla morada

2 dientes de ajo

2 cm de jengibre fresco

*1 cucharada sopera
de aceite de sésamo*

*1 cucharada sopera de salsa
de soja*

*2 cucharadas soperas
de mantequilla de cacahuete*

*1 cucharada sopera de crema
o leche de coco*

1 cucharada sopera de miel

Zumo de ½ lima

1 cebolla tierna

*1 puñado de cacahuetes
pelados sin sal*

8-10 hojas de cilantro fresco

Sal y pimienta

1 PREPARACIÓN DE LOS CARBOHIDRATOS Y LAS PROTEÍNAS

Cueza el arroz en una olla con agua hirviendo durante el tiempo indicado en el paquete. Escúrralo. Corte los filetes de pollo en dados de unos 2 cm. En un bol, vierta el almidón de maíz, los dados de pollo y una pizca de sal, y mezcle bien.

2 PREPARACIÓN DE LAS HORTALIZAS

Corte los pimientos en tiras. Trocee la cebolla, el ajo y el jengibre. Caliente el aceite de sésamo en una sartén a fuego medio y dore el ajo y el jengibre durante 1 minuto. Añada el pollo y dórelo durante 2 minutos más. Agregue la cebolla, los pimientos, la salsa de soja, la mantequilla de cacahuete, la crema de coco, la miel y el zumo de lima. Cocínelo todo durante 6-7 minutos a fuego medio, hasta que el pollo y las hortalizas estén bien cocinados.

3 PREPARACIÓN DE LA COBERTURA O *TOPPING*

Corte la cebolla, triture los cacahuetes y pique el cilantro.

4 PRESENTACIÓN... ¡Y A DISFRUTAR!

Vierta el arroz en dos boles. Agregue el pollo preparado con crema de coco. Decore con cebolletas, cacahuetes y cilantro por encima.

GAMBAS CON CALABACÍN Y AGUACATE

PARA 2 PERSONAS	
PREPARACIÓN 5 MINUTOS	
COCCIÓN 10 MINUTOS	

200 g de gambas peladas

2 calabacines

2 dientes de ajo

1 aguacate

1 puñado de hojas
de albahaca

1 cucharadita de zumo
de limón

Aceite de oliva

Sal y pimienta

① PREPARACIÓN DE LAS PROTEÍNAS

Pique 1 diente de ajo. En una sartén a fuego medio-alto, caliente 1 cucharadita de aceite de oliva con el ajo. Dore las gambas hasta que estén ligeramente tostadas (4 minutos si ya están cocidas, 7 minutos si son crudas). Reserve.

② PREPARACIÓN DE LAS HORTALIZAS

Corte unos espaguetis de calabacín con un espiralizador de hortalizas (o corte tallarines con un pelador). Resérvelos en un bol con una pizca de sal. En el recipiente de la batidora, vierta la pulpa del aguacate, 1 diente de ajo, la albahaca (guarde unas hojas para aliñar después) y el zumo de limón, y triture hasta obtener una crema. En la sartén, ponga a dorar los espaguetis de calabacín durante 1 minuto con ½ cucharada de aceite de oliva. Retire del fuego, añada la crema de aguacate y mezcle bien.

③ PRESENTACIÓN... ¡Y A DISFRUTAR!

Vierta en dos boles los espaguetis de calabacín con la crema de aguacate y agregue las gambas.

BOL DE POLLO CON TOMATE Y TORTILLA

PARA 2 PERSONAS

PREPARACIÓN 5 MINUTOS

COCCIÓN 18 MINUTOS

100 g de arroz

200 g de filetes de pollo

2 dientes de ajo

1 cebolla

½ chile jalapeño verde

400 g de tomates triturados

500 ml de caldo de pollo o vegetal

250 g de alubias rojas cocidas y escurridas

½ cucharadita de chile en polvo

Zumo de ½ lima

1 aguacate

2 tortillas de maíz

8-10 hojas de cilantro fresco

Aceite de aguacate o aceite de oliva

Sal y pimienta

1 PREPARACIÓN DE LOS CARBOHIDRATOS

Cueza el arroz en una olla con agua hirviendo durante el tiempo indicado en el paquete. Escúrralo.

2 PREPARACIÓN DE LAS HORTALIZAS Y LAS PROTEÍNAS

Corte los filetes de pollo en trozos. Pique el ajo y la cebolla. Corte el chile jalapeño en rodajas finas. En una olla grande, caliente 1 cucharada de aceite y sofría el ajo y la cebolla durante 2 minutos. Agregue los tomates triturados, el caldo, las judías rojas, el jalapeño, el chile en polvo, el pollo y el zumo de lima. Cocínelo todo durante 12-15 minutos a fuego medio. Cuando el pollo esté cocinado, desmenúcelo con dos tenedores. Corte el aguacate en dados.

3 PREPARACIÓN DE LA COBERTURA O *TOPPING*

Corte las tortillas de maíz en tiras. En una sartén a fuego medio-alto, dórelas con 1 cucharada de aceite durante 3-4 minutos. Resérvelas: se endurecerán a medida que se enfríen y quedarán crujientes. Pique el cilantro.

4 PRESENTACIÓN... ¡Y A DISFRUTAR!

Vierta el arroz en dos boles. Agregue la mezcla de pollo y hortalizas. Añada las tiras de tortilla y espolvoree con cilantro.

¡ME ENCANTA LA COMIDA EN BOL!

COL CON ESPÁRRAGOS Y AVELLANAS

PARA 2 PERSONAS	
PREPARACIÓN 10 MINUTOS	
REPOSO 15 MINUTOS	
COCCIÓN 15 MINUTOS	

100 g de quinoa

2 huevos

6 ramitas de col rizada

12 espárragos verdes

⅛ de col lombarda (roja)

20 avellanas

2 cucharaditas de vinagre de sidra

Zumo de 1 limón

2 cucharaditas de miel

Vinagreta con miel (véase página 66)

Aceite de oliva

Sal

1 PREPARACIÓN DE LOS CARBOHIDRATOS Y LAS PROTEÍNAS

Cocine la quinoa en una olla con agua hirviendo durante el tiempo indicado en el paquete, luego escúrrala y enjuáguela con agua fría. Ponga a hervir una olla con agua, sumerja suavemente los huevos y déjelos cocer durante 6 minutos y medio. Páselos por agua fría y quíteles la cáscara.

2 PREPARACIÓN DE LAS HORTALIZAS

Después de quitarle los tallos a la col rizada, lávela y escúrrala. En una ensaladera, mezcle las hojas de col rizada con 2 cucharaditas de aceite de oliva, el vinagre de sidra, el zumo de limón y una buena pizca de sal. Frote las hojas de col rizada durante unos minutos para que queden bien impregnadas. Déjelas marinar durante 15 minutos más. Lave los espárragos y cocínelos al vapor durante 7-8 minutos hasta que estén tiernos. Corte la col lombarda.

3 PREPARACIÓN DE LA COBERTURA O *TOPPING*

Pique las avellanas y mezcle los trocitos con la miel para que queden bien recubiertos. Caramelícelos en la sartén durante 5-7 minutos hasta que estén dorados.

4 PRESENTACIÓN... ¡Y A DISFRUTAR!

Vierta la quinoa en dos boles. Agregue los huevos, las hojas de col rizada, los espárragos y la col lombarda. Vierta la vinagreta de miel y decore con las avellanas caramelizadas.

ZANAHORIA ASADA, FETA Y REMOLACHA

PARA 2 PERSONAS

PREPARACIÓN 10 MINUTOS

COCCIÓN 20 MINUTOS

100 g de quinoa

2 huevos

1 cucharada de vinagre blanco

2 zanahorias

2 cucharaditas de tomillo seco

40 g de queso feta

2 remolachas cocidas

2 cucharaditas de puré de sésamo (tahini)

2 dientes de ajo

1 chorrito de zumo de limón

2 puñados de rúcula

1 cucharada de chile en copos

2 cucharaditas de semillas de sésamo

8-10 hojas de perejil fresco

Aceite de oliva

Sal y pimienta

1 PREPARACIÓN DE LOS CARBOHIDRATOS Y LAS PROTEÍNAS

Cueza la quinoa en una olla con agua hirviendo durante el tiempo indicado en el paquete, luego escúrrala y enjuáguela con agua fría. Vierta el vinagre blanco en una olla con agua y deje que hierva, luego reduzca el fuego a intensidad media. Casque cada huevo en un cuenco pequeño. Haga girar el agua con una espátula para formar un remolino. Eche 1 huevo en el corazón del remolino, déjelo hervir durante 3-4 minutos y luego retírelo con una espumadera. Repita con el otro huevo.

2 PREPARACIÓN DE LAS HORTALIZAS

Precaliente el horno a 200 °C. Pele las zanahorias, córtelas en palitos y úntelas con 1 cucharada de aceite de oliva, agregue el tomillo, y añada sal y pimienta. Colóquelas en una bandeja cubierta con papel de horno y póngalas a hornear durante 20 minutos.

3 PREPARACIÓN DE LA COBERTURA O *TOPPING* Y LA SALSA

Desmenuce el queso feta. Pique el perejil. Prepare una *mousse* de remolacha: corte las remolachas en dados y mézclelos con el puré de sésamo (tahini), el ajo, el zumo de limón, sal y pimienta, hasta obtener una *mousse*.

4 PRESENTACIÓN... ¡Y A DISFRUTAR!

Reparta la quinoa en dos boles. Agregue las zanahorias asadas, la rúcula, los huevos y la *mousse* de remolacha. Vierta por encima el queso feta, y decore con los copos de chile, las semillas de sésamo y el perejil.

TOMATES CON BURRATA

PARA 2 PERSONAS

PREPARACIÓN 10 MINUTOS

COCCIÓN 15 MINUTOS

100 g de quinoa

1 queso burrata

20 tomates cherry

1 cucharadita
de azúcar de caña

½ cucharadita
de tomillo seco

80 g de tomates secos

2 dientes de ajo

8-10 hojas de albahaca fresca

1 cucharada sopera
de vinagre balsámico

2 puñados grandes de rúcula

Aceite de oliva

Sal y pimienta

1 PREPARACIÓN DE LOS CARBOHIDRATOS Y LAS PROTEÍNAS

Cueza la quinoa en una gran cantidad de agua hirviendo durante el tiempo indicado en el paquete. Cuando esté cocida, enjuáguela con agua fría. Corte la burrata por la mitad.

2 PREPARACIÓN DE LAS HORTALIZAS

Precaliente el horno a 200 °C. Coloque los tomates en un plato o una bandeja. Agregue 1 cucharada de aceite de oliva, el azúcar, una pizca de sal y el tomillo. Mezcle bien y hornee durante 10 minutos, hasta que estén asados.

3 PREPARACIÓN DE LA COBERTURA O *TOPPING* Y LA SALSA

Pique la albahaca. En una batidora, vierta los tomates secos, el ajo y la mitad de la albahaca. Añada sal y pimienta, y mezcle hasta obtener una pasta de tomate. En un bol, mezcle 2 cucharadas de aceite de oliva, el vinagre balsámico y el resto de la albahaca.

4 PRESENTACIÓN... ¡Y A DISFRUTAR!

Reparta la quinoa en dos boles. Agregue los tomates asados, la burrata, la rúcula, la pasta de tomate y la vinagreta.

POKE BOWL DE SALMÓN

PARA 2 PERSONAS
PREPARACIÓN 10 MINUTOS
COCCIÓN 15 MINUTOS

100 g de arroz

2 cucharadas soperas de vinagre de arroz

4 cm de jengibre fresco

120 g de corazón de filete de salmón ahumado

2 zanahorias

6 rábanos

1 aguacate

⅛ de col lombarda (roja)

½ pepino

2 hojas de alga nori o espinacas (opcional)

2 cucharadas soperas de tamari

Zumo de 1 lima

2 cucharadas de semillas de sésamo

1 PREPARACIÓN DE LOS CARBOHIDRATOS Y LAS PROTEÍNAS

Ponga a cocer el arroz en una olla con agua hirviendo y sal durante el tiempo indicado en el paquete. Escúrralo y enjuáguelo con agua fría. Échelo en una ensaladera y mézclelo con el vinagre de arroz y el jengibre rallado. Corte el salmón en rodajas y déjelo enfriar.

2 PREPARACIÓN DE LAS HORTALIZAS

Corte las zanahorias en palitos, los rábanos en rodajas y el aguacate en daditos. Trocee la col lombarda y el pepino.

3 PREPARACIÓN DE LA COBERTURA O *TOPPING* Y LA SALSA

Corte la hoja de nori (o de espinaca) en rectángulos pequeños. En un bol, mezcle el tamari, el zumo de lima y las semillas de sésamo.

4 PRESENTACIÓN... ¡Y A DISFRUTAR!

Reparta el arroz entre dos boles. Agregue los filetes de salmón, las zanahorias, los rábanos, el aguacate, la col lombarda y las hojas de algas o espinacas. Vierta la salsa y decore con nori.

GUISANTES CON RÁBANOS Y FETA

PARA 2 PERSONAS

PREPARACIÓN 15 MINUTOS

COCCIÓN 15 MINUTOS

120 g de quinoa

4 huevos

300 g de vainas
de guisantes frescas

10 rábanos

40 g de queso feta

4 puñados de ensalada
(rúcula, brotes de espinaca...)

2 cucharadas soperas
de aceite de oliva

Zumo de 1 limón

10 hojas de menta fresca

Sal y pimienta

1 PREPARACIÓN DE LOS CARBOHIDRATOS Y LAS PROTEÍNAS

Ponga a cocer la quinoa en una olla con agua hirviendo durante el tiempo indicado en el paquete, luego escúrrala y enjuáguela con agua fría. Ponga a hervir una olla con agua y, cuando hierva, añada con suavidad los huevos y déjelos cocer 6 minutos y medio. Páselos por agua fría y quíteles la cáscara.

2 PREPARACIÓN DE LAS HORTALIZAS

Pele los guisantes y cocínelos al vapor durante unos 10 minutos hasta que estén tiernos. Corte los rábanos en rodajas finas.

3 PREPARACIÓN DE LA COBERTURA O *TOPPING* Y LA SALSA

Desmenuce el queso feta. Pique la menta. En un cuenco pequeño, mezcle el aceite de oliva y el zumo de limón, y añada sal y pimienta.

4 PRESENTACIÓN... ¡Y A DISFRUTAR!

Sirva la quinoa en dos boles. Agregue la ensalada, los guisantes, los rábanos y los huevos. Vierta la salsa y espolvoree con queso feta y menta.

BOL DE FALÁFEL

PARA 2 PERSONAS	
PREPARACIÓN 10 MINUTOS	
COCCIÓN 25 MINUTOS	

100 g de quinoa

200 g de garbanzos cocidos escurridos

10 hojas de cilantro fresco

2 puñados de brotes de espinaca

50 g de almendra en polvo

2 cucharaditas de almidón de maíz

1 cucharadita de pimentón

2 cucharadas soperas de semillas de sésamo dorado

20 tomates cherry

½ pepino

2 puñados de rúcula

10 hojas de menta fresca

160 g de yogur o queso blanco fresco

2 cucharaditas de puré de sésamo (tahini)

2 dientes de ajo

1 limón

Sal y pimienta

1 PREPARACIÓN DE LOS CARBOHIDRATOS Y LAS PROTEÍNAS

Cueza la quinoa en una olla con agua hirviendo durante el tiempo indicado en el paquete, luego escúrrala y enjuáguela con agua fría. Precaliente el horno a 180 °C. En una batidora, vierta los garbanzos, las hojas de cilantro, las hojas de espinaca, la almendra en polvo, el almidón de maíz, el pimentón, dos pizcas de sal y pimienta. Mezcle hasta obtener una masa homogénea, agregando un poco de almidón de maíz si es necesario. Prepare de 10 a 12 bolitas y colóquelas en una bandeja para horno cubierta con papel de horno. Espolvoréelas con semillas de sésamo y póngalas a hornear durante unos 20 minutos hasta que las bolitas de faláfel estén doradas.

2 PREPARACIÓN DE LAS HORTALIZAS

Corte los tomates cherry por la mitad y el pepino en rodajas.

3 PREPARACIÓN DE LA COBERTURA O *TOPPING* Y LA SALSA

Pique la menta. En un cuenco, mezcle el yogur, el puré de sésamo (tahini), el ajo machacado y el zumo de limón. Agregue sal y pimienta.

4 PRESENTACIÓN... ¡Y A DISFRUTAR!

Reparta la quinoa entre dos boles. Agregue las bolitas de faláfel, la rúcula, los tomates cherry, el pepino y la salsa de yogur. Espolvoree con menta.

GARBANZOS CRUJIENTES CON AGUACATE

PARA 2 PERSONAS

PREPARACIÓN 5 MINUTOS

COCCIÓN 25 MINUTOS

100 g de arroz basmati

200 g de garbanzos cocidos escurridos

1 cucharada sopera de aceite de oliva

1 cucharadita de pimentón

1 cucharadita de ajo en polvo

1 aguacate

4 puñados de mézclum

2 cucharaditas de mantequilla de cacahuete

2 cucharadas soperas de salsa de soja

2 cucharaditas de sirope de arce

Zumo de 1 lima

2 cucharaditas de semillas de sésamo

Pimienta

1 PREPARACIÓN DE LOS CARBOHIDRATOS Y LAS PROTEÍNAS

Cueza el arroz en una olla con agua hirviendo durante el tiempo indicado en el paquete. Escúrralo. Precaliente el horno a 200 °C. En una ensaladera, mezcle los garbanzos, el aceite de oliva, el pimentón y el ajo en polvo. Colóquelos en una bandeja cubierta con papel de horno y hornee durante unos 25 minutos hasta que estén dorados y crujientes.

2 PREPARACIÓN DE LAS HORTALIZAS

Corte el aguacate en rodajas finas.

3 PREPARACIÓN DE LA SALSA

En un cuenco, mezcle la mantequilla de cacahuete, la salsa de soja, el sirope de arce y el zumo de lima hasta obtener una salsa homogénea (añada un poco de agua tibia, si es necesario).

4 PRESENTACIÓN... ¡Y A DISFRUTAR!

Distribuya el arroz en dos boles. Añada los garbanzos, el aguacate y el mézclum. Vierta la salsa. Añada pimienta, y espolvoree con semillas de sésamo.

ALIÑOS

VINAGRETA CON MIEL

2 cucharadas soperas
  de aceite de oliva
1 cucharada sopera
  de vinagre de sidra
1 cucharadita de mostaza
1 cucharadita de miel

Conservación:
en el frigorífico durante
3-4 días.

Mezcle los ingredientes
en un cuenco pequeño.

SALSA DE SÉSAMO CON SIROPE DE ARCE

1 cucharada sopera de puré
  de sésamo (tahini)
1 cucharada sopera de zumo
  de limón
1 diente de ajo, picado
1 cucharadita de sirope
  de arce o miel
Sal y pimienta
Un poco de agua tibia

Conservación:
en el frigorífico durante
3-4 días.

Mezcle los ingredientes
en un cuenco pequeño.

SALSA DE MANTEQUILLA DE CACAHUETE

2 cucharadas soperas
de mantequilla de cacahuete

2 cucharadas soperas
de salsa de soja

1 cucharada sopera de vinagre
de arroz

1 cucharadita de azúcar moreno

1 cucharadita de puré de chile

1 diente de ajo, picado

1 cm de jengibre fresco rallado
o finamente picado

1 cucharadita de zumo de lima

Un poco de agua tibia

**Conservación:
en el frigorífico durante
3-4 días.**

Mezcle los ingredientes
en un cuenco pequeño.

ELFOS
EDICIONES

Título original *Bowl*

Ilustraciones Valentine Ferrandi
Diseño Jerôme Cousin para NoOok
Traducción Roberto R. Bravo
Revisión de la edición en lengua española
Alfredo Pestana Mota
Profesor de cocina y creador de contenidos gastronómicos
Coordinación de la edición en lengua española
Cristina Rodríguez Fischer

Primera edición en lengua española 2024

© 2024 Naturart, S.A. Editado por BLUME
Carrer de les Alberes, 52, 2.º, Vallvidrera
08017 Barcelona
Tel. 93 205 40 00 e-mail: info@blume.net
© 2024 Hachette Livre (Marabout), Vanves (Francia)

I.S.B.N.: 978-84-10268-86-9
Depósito legal: B.15173-2024
Impreso en China

WWW.BLUME.NET